SANTIAGO VEÍA LAS COSAS DIFERENTE

Santiago Ramón y Cajal, artista, médico, padre de la neurociencia

CHRISTINE IVERSON

ilustraciones de **LUCIANO LOZANO**

traducción de **IRAIDA ITURRALDE**

Aun concediendo que el genio, sometido al contraste de la observación, salga puro de todo error, consideremos que todo cuanto ha descubierto en un dominio dado es casi nada en parangón con lo que deja por descubrir. La Naturaleza nos brinda a todos con una riqueza inagotable.

—Santiago Ramón y Cajal,
Reglas y consejos sobre investigación científica

≡ mit Kids Press

EL ABUELO de Santiago tenía una tienda viejísima suspendida en el borde escarpado de las montañas españolas. Adentro había carretes de un hilo áspero y telares inmóviles. Era un lugar penumbroso, donde solo el polvo se movía.

Pero cuando Santiago visitaba la tienda, torcía y enredaba el hilo de lana alrededor de los brazos y deslizaba las lanzaderas de madera por el piso.

El polvo brillaba y se levantaba, formando un caleidoscopio en movimiento.

En casa, en su pueblo, jugaba al marro,
corría, saltaba y trepaba.

Podía convertir viejos trozos de metal
y madera en música y juegos.

Cuando Santiago ya tenía ocho años, había descubierto una nueva forma de entretenerse. Con un pedazo de tiza o carbón, dibujaba líneas y curvas a lo largo de puertas, porterías y fachadas recién pintadas.

Dibujaba corridas de toros, buques naufragados
y héroes antiguos con cascos emplumados. Para los
vecinos, estos dibujos eran unas pesadeces.
Pero Santiago veía las cosas diferente.
Él era un artista... y siempre
lo sería.

El padre de Santiago —el médico del pueblo— pensaba que el arte era pura distracción. Santiago debía concentrase en aprender matemáticas y latín, ambos bajo una estricta disciplina. Pero, ¿y si Santiago resultaba ser tan talentoso como el famoso pintor Velázquez? Su padre decidió averiguarlo.

Llevó a Santiago con su mejor obra de arte a la iglesia del pueblo, donde un pintor estaba blanqueando las paredes. Santiago le mostró sus dibujos. El pintor frunció el ceño. Negó con la cabeza.

—Pero —preguntó el padre de Santiago—, ¿no tiene el muchacho aptitud para el arte?

—Ninguna, amigo mío. —El pintor frunció el ceño de nuevo.

El asunto estaba resuelto. Para el padre de Santiago, que sabía muy poco de arte, la opinión del pintor era tan válida como la de cualquiera de una academia de artes.

De vuelta en casa, el padre de Santiago dictó la sentencia final.
Santiago estudiaría para hacerse médico. Le confiscó el papel,
el carbón y los lápices a Santiago. No habría más distracciones.

Pero para Santiago, dibujar y pintar era tan natural y necesario como respirar. Y su padre no había encontrado todos sus materiales de arte. Así que Santiago escondió los que aún le quedaban y siguió dibujando en secreto.

Ya en el colegio, Santiago
llenaba de dibujos los márgenes
de sus libros escolares. Cuando
el maestro no estaba mirando,
los niños se pasaban los dibujos
alrededor del aula... hasta que
fueron descubiertos.

Como castigo, el maestro
encerró a Santiago en un
sótano oscuro, pero se le olvidó
confiscarle el papel y el lápiz.
El sitio apenas se alumbraba
por un hilo de luz que se colaba
a través de una vieja persiana
—luz suficiente para dibujar—.
Santiago se paró encima de una
silla, presionó el papel contra el
techo y dibujó por horas.

Cuando Santiago cumplió diez años, sus padres lo mandaron de pupilo a un colegio religioso. Los frailes —sus maestros— creían que los estudiantes debían permanecer sentados, memorizar las lecciones y luego recitarlas. Pero Santiago no. Siguió llenando con dibujos las páginas de los libros. Y cuando se portaba mal, los frailes lo encerraban en el aula hasta la hora de cenar. Y sin papel alguno. De modo que Santiago usó su lápiz para abrir la cerradura de la puerta.

Cuando Santiago tenía once años, sus padres eligieron una escuela diferente, rodeada de montañas, con "frondosas alamedas" y un paraíso de mariposas y pájaros cantores. Tan pronto partió el coche del padre, Santiago utilizó el dinero destinado para materiales escolares y se compró su primera caja de pinturas.

Llevaba su caja de pinturas en caminatas, y mezclaba el verde y el azul para crear árboles de olivo, el negro y el verde para hacer cipreses, el amarillo y el verde para recrear la madera de boje, y el marrón y el negro para hacer el marco de una cabaña. En lo más profundo de su corazón, sentía que siempre sería un artista. Pero su padre aún quería que se hiciera médico.

Una noche de verano, justo antes de cumplir los dieciséis años,
Santiago y su padre saltaron el muro de un cementerio abandonado,
bajo la luz de la luna, para buscar trozos de esqueletos.

Examinaron cada detalle de los huesos. Cuando Santiago encajó todas las piezas, como un rompecabezas, sintió "especial delectación en ir desmontando y rehaciendo, pieza a pieza, el reloj orgánico". Para el padre de Santiago, los huesos eran una introducción básica a la anatomía. Pero Santiago veía las cosas diferente. Él veía el cuerpo humano como una obra de arte.

Quería saber más. A los dieciocho, fue a la universidad en Zaragoza a estudiar medicina. Basándose en las lecciones, aún frescas en la memoria, sobre las rutas de las arterias y el curso que seguía el flujo de la sangre, exploró el río Ebro.

Trepó por encima de las rocas para
verlo deslizarse a través de las montañas,
curvarse alrededor de la catedral
y acabar fluyendo debajo de
un puente de piedra.

Después de graduarse, tuvo que abandonar sus caminatas en las montañas para servir en Cuba con el Ejército español. En Cuba había bosques tropicales, enredaderas colgantes y sinuosas palmas reales que explorar. Pero también había malaria.

Santiago regresó a casa demasiado enfermo y débil para dar caminatas. En vez de esto, usó el dinero ganado en el ejército para comprar un microscopio y poder estudiar los tejidos anatómicos. Cuando miró a través del lente, descubrió un mundo rebosante de terrenos inexplorados. Cogió un lápiz y comenzó a dibujar. Santiago dibujó, estudió y sirvió de tutor hasta que se hizo profesor de anatomía en Valencia.

En Valencia, Santiago se enteró de un problema. Los otros científicos no comprendían cómo funcionaba el cerebro humano. Sabían que las fibras de los nervios —pequeñas estructuras fibrosas— jugaban un papel, pero las fibras de los nervios eran difíciles de ver, incluso bajo un microscopio. Algunos científicos intentaron lograrlo coloreando las fibras con un tinte. Pero el tinte sólo funcionaba en algunas de las fibras.

En cuanto al resto de las fibras, parecían un bosque enmarañado, donde las ramas, las vides y los matorrales parecían conectados dentro de una telaraña interminable.

Pero Santiago veía las cosas diferente.

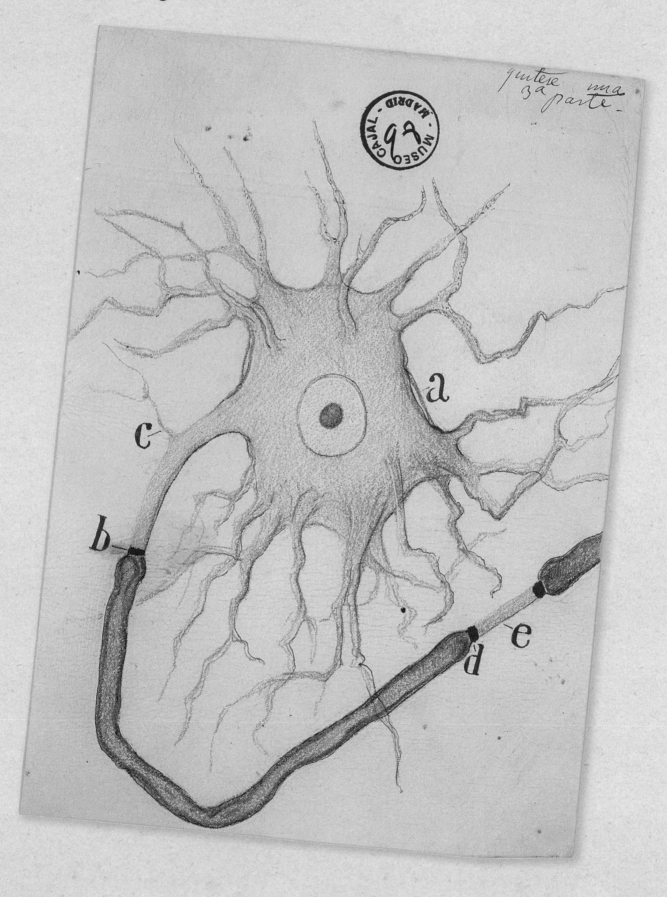

Cuando Santiago observaba con su microscopio la más joven y pequeña de las fibras, él veía semillas, plántulas y retoños. Hizo dibujos de las fibras en diferentes etapas de desarrollo, hasta que empezó con su lápiz a descifrar patrones.

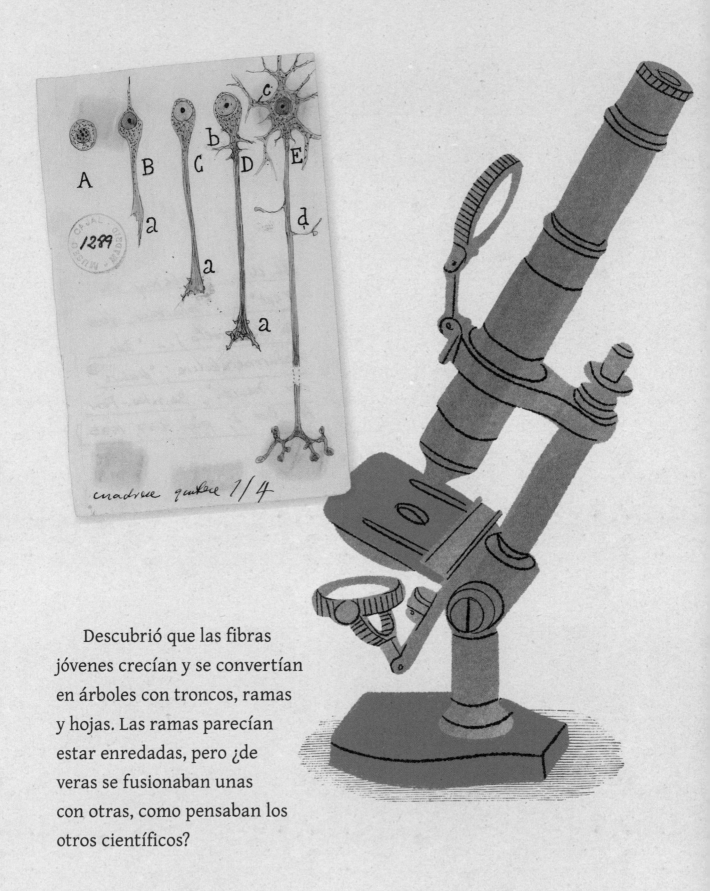

Descubrió que las fibras jóvenes crecían y se convertían en árboles con troncos, ramas y hojas. Las ramas parecían estar enredadas, pero ¿de veras se fusionaban unas con otras, como pensaban los otros científicos?

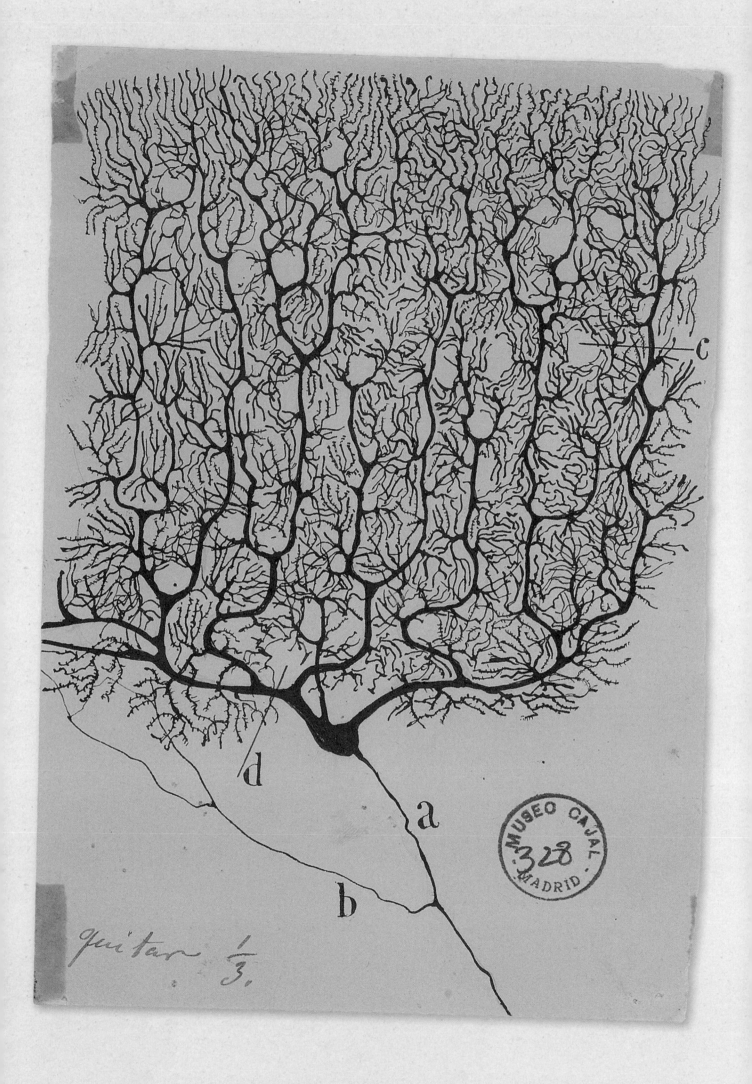

d

c

a

b

guitar 1/3

Santiago sabía que tendría que cambiar el tinte para ver las ramas con más claridad. Experimentó con algunos productos químicos hasta que dio con la mezcla correcta. Lo que pudo ver entonces lo dejó boquiabierto. Los árboles adultos nunca fusionaban sus ramas entre sí. Sólo se extendían el uno hacia el otro. El bosque no era una telaraña enmarañada. ¡Estaba compuesto de árboles individuales!

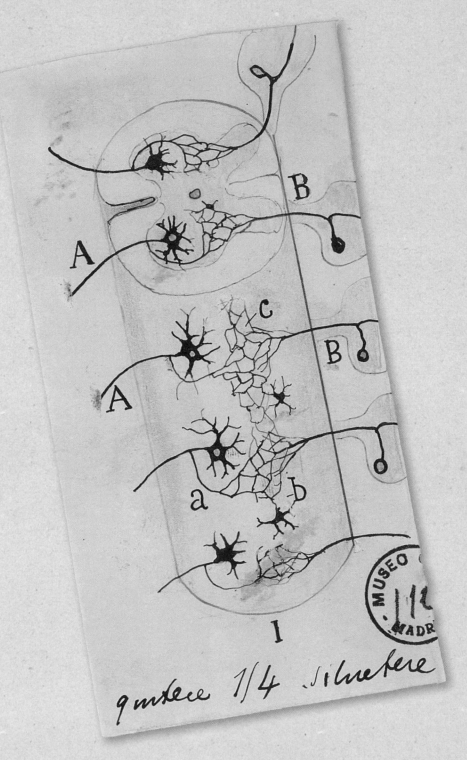

Una vez que Santiago podía ver árboles enteros, supo que estaba viendo células nerviosas separadas por espacios. Mientras más dibujaba, más patrones descubría.

También descubrió que las células nerviosas, casi como si siguieran una regla tácita, estaban organizadas en una dirección, como flechas apuntando el sendero a seguir en el camino. Y al observar más cerca todavía, Santiago concluyó que las células nerviosas usaban este sendero para transmitir mensajes de una célula nerviosa a la siguiente. El sistema nervioso estaba lleno de senderos, exquisitamente organizados, para pensar, reaccionar, aprender y articular.

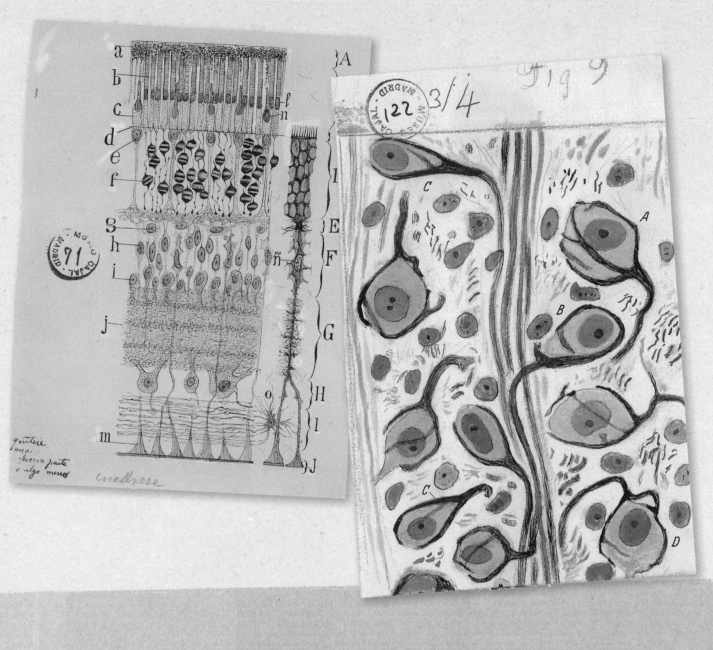

Santiago hizo miles de dibujos científicos. Cada uno era una compleja obra de arte. Envió sus dibujos a todo el mundo y retó a los otros científicos a que ellos también vieran lo mismo. Su obra hizo posible que otros científicos y médicos descubrieran nuevas formas de ayudar a la gente a aprender y sanar.

Por ver las cosas diferente —y de una manera brillante— Santiago cambió la manera en que los científicos comprendían el sistema nervioso. Con los ojos de un artista, él había descubierto lo que él llamó "las misteriosas mariposas del alma", esas pequeñas células nerviosas que nos permiten ser parte del mundo.

Santiago Ramón y Cajal se convirtió en... el padre de la neurociencia.

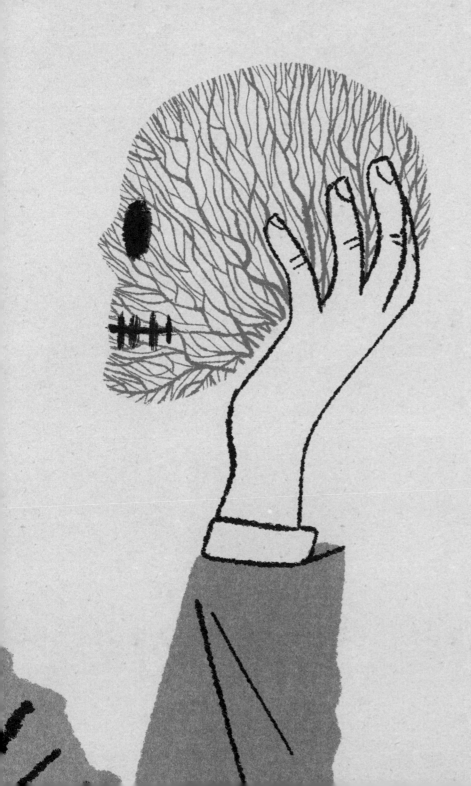

ANATOMÍA DE UNA NEURONA

SANTIAGO ERA CAPAZ DE VER Y DIBUJAR la belleza hasta del interior de las partes más diminutas de las células nerviosas, las que ahora llamamos neuronas. Hemos incluido en este libro algunos de sus dibujos científicos. Las tres partes principales de una neurona son el soma, el axón y las dendritas. En el dibujo a la izquierda, el soma (a) es el cuerpo celular. El axón (b) transmite señales del soma a otras neuronas. Las dendritas (c) reciben señales y las transportan al soma. Muchos axones tienen una capa llamada mielina (d) con aperturas en la capa, llamadas nódulos de Ranvier (e), que ayudan a acelerar la señal a través del axón.

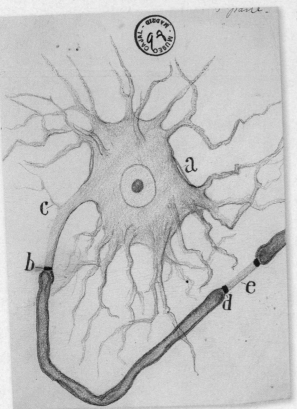

Todas las células, incluso las neuronas, tienen un centro de control dentro del cuerpo celular llamado el núcleo. La imagen a la derecha es el núcleo de una neurona piramidal del telencéfalo, en el cerebro. La parte designada con una (b) es el nucléolo, un orgánulo dentro del núcleo. La imagen de abajo es un dibujo de varios tipos de nucléolos dentro de núcleos de neuronas cerebrales (¡los cuales son muy pequeños!).

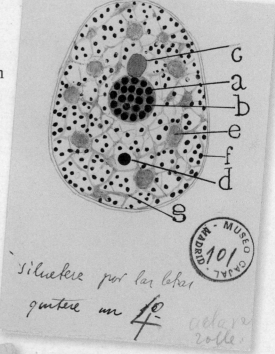

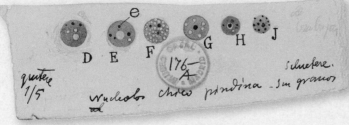

VIDA Y OBRA

EL GRAN DESCUBRIMIENTO DE Santiago Ramón y Cajal hoy se conoce como la doctrina de la neurona: la neurona, o célula nerviosa, es una estructura individual —una unidad independiente—. Las neuronas pasan información de una célula a la otra mediante señales eléctricas o químicas.

Cuando Santiago hizo sus primeros descubrimientos en 1888, la mayoría de los científicos creían que el sistema nervioso era una red continua e interconectada. Pero esa teoría no cuadraba con sus observaciones de cómo el sistema nervioso funcionaba. ¿Cómo es que las memorias podían crearse y recuperarse a la vez dentro de una red continua? ¿Cómo es que esa red crecía al aprender nueva información? ¿Cómo es que las señales sensitivas (información hacia adentro) y motoras (acción hacia afuera) podían viajar en la misma red y al mismo tiempo? Los científicos aún no tenían las respuestas.

No obstante, no creyeron del todo en los descubrimientos de Santiago hasta que no vieron sus dibujos. Para muchos científicos, ese fue el momento cuando la forma y función del sistema nervioso se clarificó. Algunos de los científicos más destacados y respetados del mundo —como el anatomista Dr. Heinrich Wilhelm von Waldeyer, quien acuñó el término "neurona" en 1891— apoyaron con entusiasmo a Santiago y su doctrina de la neurona, la cual se convertiría en la base de la neurociencia en la era moderna: el estudio de la estructura y el funcionamiento del sistema nervioso, el cual incluye el cerebro, la médula espinal y todos los nervios del cuerpo (así como muchos tejidos de soporte).

En 1906, Santiago ganó el Premio Nobel de Medicina. Compartió el premio con el Dr. Camillo Golgi, el científico italiano que inventó el método de tinción que Santiago utilizó para sus descubrimientos. Golgi aún no creía en los descubrimientos de Santiago y dedicó la mayor parte de su discurso de aceptación del Premio Nobel expresando su desacuerdo con la doctrina de la neurona. Santiago no se puso nervioso. Al día siguiente, dio el discurso que había preparado, haciéndole caso omiso a la crítica de Golgi, dándole mérito a Golgi por inventar el método de tinción, y luego explicando sus propios descubrimientos. En 1906, la mayoría de los científicos apoyaban las ideas de Santiago, pero Golgi se pasó el resto de su vida creyendo en su propia teoría, llamada la teoría reticular, y rechazando la doctrina de la neurona. Los científicos que usan tecnología moderna han confirmado que Santiago tenía razón.

Santiago también era un ávido fotógrafo, con experiencia en alterar soluciones químicas y enjuagues, así como el tiempo de exposición para producir fotografías con las primeras cámaras. Fue uno de los primeros fotógrafos españoles en tomar fotos a color, y utilizó su conocimiento fotográfico para alterar el tinte y los procesos de Golgi.

Siempre perseverante y novedoso, Santiago no se desanimaba con facilidad, ni siquiera de niño. Cuando su padre le prohibió leer ficción, encontró un rincón secreto en la azotea para guardar y leer sus libros favoritos, incluyendo *Don Quijote*, *El conde de Montecristo* y *Robinson Crusoe*. A lo largo de su vida, Santiago fue autor

de más de doscientas obras, tanto artículos científicos como libros. Muchos de sus libros fueron sobre la neurociencia, pero también escribió uno de los primeros libros sobre la ciencia y el arte de la fotografía a color, así como cinco novelas de ciencia ficción y un libro titulado *Reglas y consejos sobre investigación científica*, escrito para científicos aspirantes.

En 1879, Santiago se casó con Silveria Fañanás y García, y juntos criaron siete hijos. La familia Cajal se mudó a Valencia y luego a Barcelona, donde Santiago ocupó el puesto de profesor de anatomía e histología (anatomía microscópica). En 1900 ya vivían en Madrid, donde Santiago era director del Instituto Nacional de Higiene. En 1901 fue nombrado director del Laboratorio de Investigaciones Biológicas en Madrid, conocido desde 1920 como el Instituto Cajal. Continuó trabajando allí hasta su muerte en 1934, a la edad de ochenta y dos años.

CÁMARA OSCURA

El día que Santiago se halló encerrado en el oscuro sótano de su escuela con un lápiz y una hoja de papel, la apertura diminuta entre las persianas creaba un fenómeno llamado cámara oscura (cámara significa "habitación", oscura significa "que carece de luz"). Si la pequeña ventana del sótano no hubiera tenido persianas, una luz blanca hubiera invadido la habitación. En vez, los rayos de luz que se filtraban por los agujeros creaban una réplica exacta de la escena en el exterior, pero invertido y al revés. La luz que se filtraba del cielo aterrizaba en el piso. Y la luz que se filtraba de la plaza —los niños jugando y los caballos paseando— aterrizaba en el techo. Era como si Santiago estuviera dentro de una cámara de tamaño real.

~

REFERENCIAS SELECTAS

Ramón y Cajal, Santiago. *Advice for a Young Investigator*. Traducido por Neely Swanson y Larry W. Swanson. Cambridge, MA: The MIT Press, 2004.

Ramón y Cajal, Santiago. *Recollections of My Life*. Traducido por E. Horne Craigie, con la asistencia de Juan Cano. Cambridge, MA: MIT Press, 1996. Las citas a lo largo del texto están tomadas de esta autobiografía.

Swanson, Larry W., et al. *The Beautiful Brain: The Drawings of Santiago Ramón y Cajal*. Nueva York: Abrams, 2017.

~

La autora CHRISTINE IVERSON tiene un doctorado en terapia física y un máster en educación con especialización en literatura infantil. Descubrió la obra de Santiago Ramón y Cajal cuando era estudiante de posgrado, y quedó fascinada con su intrincada obra artística, su estudio de la neurociencia y su visión apasionada de la vida. Este es el primer libro de Christine Iverson escrito para niños.

El ilustrador LUCIANO LOZANO es un galardonado autor e ilustrador cuyo arte se ha publicado en periódicos, revistas y libros, entre ellos, *The Worst Sleepover in the World* de Sophie Dahl y *I (Don't) Like Snakes* de Nicola Davies. Vive en Barcelona.

Para David, Jane y Holly, quienes me inspiraron a ver las cosas diferente,
y para Ben, que me alienta a cada paso —CI

Para mi hermana Gloria —LL

———————

MI AGRADECIMIENTO ESPECIAL a Ricardo Martínez Murillo, MD, PhD, director del Instituto Cajal en Madrid, España; Mónica Torrero del Centro de Interpretación Santiago Ramón y Cajal en Ayerbe, España; Mark Zylka, PhD, de la University of North Carolina; y Eliot Dudik del College of William and Mary.

———————

The MIT Press, the ☰mit Kids Press colophon, and MIT Kids Press are trademarks of The MIT Press,
a department of the Massachusetts Institute of Technology, and used under license from The MIT Press.
The colophon and MIT Kids Press are registered in the US Patent and Trademark Office.

First edition in Spanish 2024

Library of Congress Catalog Card Number 2024936959
ISBN 978-1-5362-2453-5 (English hardcover)
ISBN 978-1-5362-3833-4 (English paperback)
ISBN 978-1-5362-3334-6 (Spanish hardcover)
ISBN 978-1-5362-3964-5 (Spanish paperback)

24 25 26 27 28 29 APS 10 9 8 7 6 5 4 3 2 1

Printed in Humen, Dongguan, China

This book was typeset in Gentium Basic.
The illustrations were created digitally.

MIT Kids Press
an imprint of Candlewick Press
99 Dover Street
Somerville, Massachusetts 02144

mitkidspress.com
candlewick.com